LIBRO RECOMENDADO

Jarosław Jankowski

¿Sabes quién eres?
Una guía por los 16 tipos de personalidad ID16™©

¿Por qué somos tan diferentes? ¿Por qué asimilamos la información de forma distinta, descansamos de otra manera, tomamos decisiones de otra forma y organizamos de manera diferente nuestra vida?

«¿Sabes quién eres?» te permitirá comprenderte mejor a ti mismo y a los demás. El test ID16™© incluido en el libro te ayudará a determinar tu tipo de personalidad, ofreciéndote una valiosa introspección.

Tu tipo de personalidad:

Inspector
(ISTJ)

Tu tipo de personalidad:

Inspector
(ISTJ)

JAROSŁAW JANKOWSKI

LOGOS
MEDIA

Tu tipo de personalidad: Inspector (ISTJ)

Esta publicación puede ayudarte a utilizar mejor tu potencial, a crear relaciones saludables con otras personas y a tomar buenas decisiones en lo relativo a la educación y la carrera profesional. Sin embargo, en ningún caso debería ser tratada como un sustituto de una consulta psicológica o psiquiátrica especializada. El autor y el editor no asumen la responsabilidad por los eventuales daños resultantes de un uso indebido de este libro.

ID16™© es una tipología de la personalidad original. No se la debe confundir con las tipologías y los test de personalidad de otros autores o instituciones.

Título original: Twój typ osobowości: Inspektor (ISTJ)

Traducción del idioma polaco: Ángel López Pombero, Lingua Lab, www.lingualab.pl

Redacción: Xavier Bordas Cornet, Lingua Lab, www.lingualab.pl

Redacción técnica: Zbigniew Szalbot

Editor: LOGOS MEDIA

ISBN (versión impresa): 978-83-7981-200-4

ISBN (EPUB): 978-83-7981-201-1

ISBN (MOBI): 978-83-7981-202-8

Índice

Prólogo

Tu tipo de personalidad: Inspector (ISTJ) es un extraordinario compendio de conocimiento acerca del *inspector*, uno de los 16 tipos de personalidad ID16™©.

Esta guía es parte de la serie ID16™©, formada por 16 libros dedicados a los diferentes tipos de personalidad. De forma exhaustiva y clara responden a las siguientes preguntas:

- ¿Qué piensan y sienten las personas que pertenecen a un determinado tipo de personalidad? ¿Cómo toman las decisiones? ¿Cómo solucionan los problemas? ¿De qué tienen miedo? ¿Qué les irrita?

- ¿Con qué tipos de personalidad se relacionan y cuáles evitan? ¿Qué tipo de amigos, cónyuges, padres son? ¿Cómo los ven los demás?

- ¿Qué predisposiciones profesionales tienen? ¿En qué entorno trabajan de manera más efectiva? ¿Qué profesiones se corresponden mejor con su tipo de personalidad?

- ¿En qué son buenos y en qué deben mejorar? ¿Cómo deben aprovechar su potencial y evitar las trampas?

- ¿Qué personas conocidas pertenecen a un determinado tipo de personalidad?

- ¿Qué sociedad muestra más rasgos característicos de un determinado tipo?

En este libro también encontrarás la información más importante sobre la tipología ID16$^{TM©}$.

Esperamos que te ayude a conocerte mejor a ti mismo y a los demás.

EDITORES

ID16™© entre las tipologías de personalidad de Jung

ID16™© pertenece a la familia de las denominadas tipologías de personalidad de Jung, que hacen referencia a la teoría de Carl Gustav Jung (1875 – 1961), psiquiatra y psicólogo suizo, uno de los principales representantes de la denominada psicología profunda.

Sobre la base de muchos años de estudio y observación, Jung llegó a la conclusión de que las diferencias en las actitudes y las preferencias de las personas no son casuales. Creó la división, bien conocida hoy en día, entre extrovertidos e introvertidos. Además, distinguió cuatro funciones de la personalidad, que forman dos pares de factores contrarios: percepción – intuición y pensamiento – sentimiento. Estableció también que en cada una de estas parejas domina una de las funciones. Jung llegó a la convicción de que las funciones dominantes de cada persona son permanentes e independientes de las condiciones externas y que su resultante es el tipo de personalidad.

En el año 1938 dos psiquiatras estadounidenses, Horace Gray y Joseph Wheelwright, crearon el primer test de personalidad basado en la teoría de Jung, que permitía determinar las funciones dominantes en las tres dimensiones descritas por él: **extroversión – introversión, percepción – intuición** y **pensamiento – sentimiento**. Este test se convirtió en una inspiración para otros investigadores. En el año 1942, también en suelo americano, Isabel Briggs Myers y Katharine Briggs comenzaron a emplear su propio test de personalidad, ampliando el clásico modelo tridimensional de Gray y Wheelwright con una cuarta dimensión: **juicio – percepción**. La mayoría de las tipologías y test de personalidad posteriores, referidos a la teoría de Jung, también toman en consideración esta cuarta dimensión.

Pertenecen a ellas, entre otros, la tipología americana publicada en el año 1978 por David W. Keirsey, así como el test de personalidad creado en Lituania en los años 70 del siglo XX por Aušra Augustinavičiūtė. En las décadas posteriores, investigadores de diferentes partes del mundo fueron tras sus huellas. Ellos crearon otras tipologías con cuatro dimensiones y varios test de personalidad adaptados a las condiciones y necesidades locales.

A este grupo pertenece la tipología de personalidad independiente ID16™©, desarrollada en Polonia por el pedagogo y mánager Jarosław Jankowski. Esta tipología, publicada en la primera década del siglo XXI, también se basa en la teoría clásica de Carl Jung. Al igual que otras tipologías de Jung contemporáneas, se inscribe en la corriente del análisis tetradimensional de la personalidad. En el marco de ID16™© estas dimensiones se llaman las **cuatro tendencias naturales**. Estas tendencias tienen un carácter dicotómico y su imagen proporciona información sobre el tipo de personalidad de la persona. El análisis de la primera tendencia tiene como objetivo determinar la **fuente de energía vital** dominante (el mundo exterior o el mundo interior). El análisis de la segunda tendencia determina la **forma dominante de asimilación de la información** (a través de los sentidos o a través de la intuición). El análisis de la tercera tendencia determina la **forma de toma de decisiones** dominante (según la razón o el corazón). El análisis de la cuarta tendencia determina, sin embargo, el **estilo de vida** dominante (organizado o espontáneo). La combinación de todas estas tendencias naturales da como resultado **16 posibles tipos de personalidad**.

La característica especial de la tipología ID16™© es su dimensión práctica. Esta describe los diferentes tipos de personalidad según se comportan en la acción: en el trabajo, en la vida diaria y en las relaciones con otras personas. No se concentra en la dinámica interna de la personalidad, ni tampoco intenta aclarar teóricamente procesos interiores e invisibles. Más bien se concentra en cómo un determinado tipo de personalidad se manifiesta al exterior y de qué forma influye sobre el entorno. Este acento en el aspecto social de la personalidad aproxima de cierto modo la tipología ID16™© a la tipología de Aušra Augustinavičiūtė anteriormente mencionada.

Cada uno de los 16 tipos de personalidad ID16™© es la resultante de las tendencias naturales de la persona. La inclusión en un determinado tipo no tiene, sin embargo, características evaluativas. Ningún tipo de personalidad es mejor o peor que los otros. Cada uno de los tipos es simplemente diferente y cada uno tiene sus puntos potencialmente fuertes y débiles. ID16™© permite identificar y describir estas diferencias. Ayuda a comprenderse a uno mismo y a descubrir nuestro lugar en el mundo.

Conocer el perfil propio de personalidad permite a las personas aprovechar en su totalidad su potencial y trabajar en las áreas que pueden causarles problemas. Este conocimiento constituye una ayuda inestimable en la vida diaria, en la solución de problemas, en la creación de relaciones sanas con otras personas y en la toma de decisiones acerca de la educación y la carrera profesional.

La determinación del tipo de personalidad no es un proceso de carácter arbitrario y mecánico. Cada persona, como «propietario y usuario de su personalidad» es plenamente competente para determinar a qué tipo pertenece. Su papel en este proceso es, por lo tanto, crucial. Esta autoidentificación puede realizarse analizando las descripciones de los 16 tipos de personalidad y estrechando gradualmente el campo de elección. Sin embargo, se puede elegir un camino más corto: utilizar el test de personalidad ID16™©. También en este caso, el «usuario de la personalidad» tiene un papel primordial, ya que el resultado del test depende exclusivamente de las respuestas del usuario.

La identificación del tipo de personalidad ayuda a conocerse a uno mismo y a los demás; no obstante, no debería ser tratada como una profecía que predestina el futuro. El tipo de personalidad nunca puede justificar nuestras debilidades o nuestras malas relaciones con otras personas (¡aunque puede ayudar a comprender sus motivos!).

En el marco de ID16™© el tipo de personalidad no es tratado como un estado estático, genéticamente determinado, sino como la resultante de características innatas y adquiridas. Este enfoque no quita importancia al libre albedrío, ni tampoco pretende clasificar a las personas. Abre ante nosotros nuevas perspectivas que nos animan a trabajar sobre nosotros mismos, ya su vez estas perspectivas nos muestran las áreas en las que este trabajo es más necesario.

Inspector (ISTJ)

TIPOLOGÍA DE PERSONALIDAD ID16™©

La personalidad a grandes rasgos

Lema vital: *Primero las obligaciones.*

Una persona con la que siempre se puede contar.
Educado, puntual, cumplidor, concienzudo,
responsable: «persona de confianza». Analítico,
metódico, sistemático y lógico. Los otros lo ven
como reservado, frío y serio. Aprecia la
tranquilidad, la estabilidad y el orden. No le
gustan los cambios. En cambio, le gustan los
principios claros y las reglas concretas.

Trabajador y perseverante, es capaz de llevar
los asuntos hasta el final. Perfeccionista. Quiere
controlarlo todo. Parco en elogios. No aprecia el
valor de los sentimientos y las emociones de
otras personas.

Tendencias naturales del *inspector*:

- Fuente de energía vital: mundo interior.
- Asimilación de información: sentidos.
- Toma de decisiones: razón.
- Estilo de vida: organizado.

Tipos de personalidad similares:

- *Pragmático*
- *Administrador*
- *Animador*

Datos estadísticos:

- Los *inspectores* constituyen el 6-10% de la población.
- Entre los *inspectores* predominan los hombres (60%).
- El país que se corresponde con el perfil de *inspector* es Suiza[1].

Código literal:

El código literal universal del *inspector* en las tipologías de personalidad de Jung es ISTJ.

Características generales

Los *inspectores* son pacientes, perseverantes, concienzudos y trabajadores. Tienen una afición

---

[1] Esto no quiere decir que todos los habitantes de Suiza pertenezcan a este tipo de personalidad, sino que la sociedad suiza, en su conjunto, tiene muchas características del *inspector*.

natural por el orden y la buena organización. Siempre les acompaña el sentido del deber. Les gustan las tareas claramente definidas y las instrucciones concretas. Perciben el mundo y su entorno como un sistema específico, cuya estabilidad y buen funcionamiento dependen del cumplimiento de las reglas y de la obediencia de los principios vigentes.

Organización

A los *inspectores* les gusta cuando todo funciona «como debe ser». Realizan una inspección continua de todo lo que les rodea (de ahí la denominación de este tipo de personalidad). Perciben rápidamente las faltas, errores y defectos. Son capaces de llevar los asuntos hasta el final. Una tarea finalizada les proporciona satisfacción y les permite entregarse totalmente a otras obligaciones. No les gustan las obligaciones sin cumplir, las tareas por realizar ni las cuentas por pagar. Estas situaciones les quitan la paz y la tranquilidad.

Les gusta una vida ordenada y estable y disfrutan con las cosas pequeñas y sencillas. Gestionan bien su tiempo: a menudo, cumplen un plan del día fijo y determinado. Trabajan de forma ordenada y sistemática. Anotan las tareas a realizar y comprueban escrupulosamente que no se han dejado nada atrás. Raramente no están preparados para la tarea encargada, es poco frecuente cogerlos por sorpresa. Cuando tienen un plan de acción, el plan les hace sentirse seguros; entonces, están preparados para hacer frente a diversas obligaciones y retos. No les gustan los cambios, especialmente los que pueden afectar a sus vidas.

Les conviene un estilo de vida sencillo y natural. Aprecian la estabilidad, la seguridad y evitan los asuntos o proyectos arriesgados. Prefieren solucionar los problemas actuales, a ocuparse en prever los potenciales problemas del futuro. Les gustan las cosas concretas, perceptibles y tangibles.

Comunicación

Al discutir con otros, se refieren a los hechos, los puros datos y la lógica, lo que junto con su actitud de seguridad en sí mismos hace que sean capaces de convencer a los demás de sus razones (¡incluso cuando se equivocan!). De antemano, suponen que la razón está de su lado. Les cuesta admitir la idea de que pueden equivocarse, aunque sea en parte. Sin embargo, no intentan demostrar sus razones a cualquier precio. Si ven que esto puede llevar a un conflicto, pueden renunciar a la confrontación.

A los ojos de los demás

Son vistos por el entorno como personas responsables, sensatas, educadas y honradas, con las que siempre se puede contar. Su honestidad, formalidad y puntualidad hacen que sean respetados. Tienen fama de ser poco accesibles. Debido a su taciturnidad, no es fácil conocerlos ni adivinar lo que sienten y piensan. A menudo, los otros los ven como reservados, fríos y serios. Algunos se sienten incómodos en su presencia. A menudo, los *inspectores* hacen (inconscientemente) que los demás se sientan inferiores, e incluso se sientan culpables, lo que provoca en ellos mecanismos de defensa.

Otro problema puede ser su escepticismo y desconfianza ante nuevas propuestas e ideas. Esperan de los demás pruebas de que los cambios propuestos o las nuevas soluciones tienen sentido. Al hablar con *inspectores,* algunos se sienten como en un interrogatorio. A muchas personas también les irrita su perfeccionismo, su minuciosidad, sus ganas de ejercer el control sobre todo, y su convicción de que siempre tienen razón.

Estética

Los *inspectores* no tienen la necesidad de rodearse de lujos ni de seguir las últimas tendencias. Se concentran en los valores útiles de los objetos: prefieren cosas sencillas, prácticas y económicas de usar. Valoran su infalibilidad, durabilidad y resistencia. No les gustan las decoraciones rebuscadas, la suntuosidad ni las cosas insólitas. Sus casas, viviendas y lugares de trabajo suelen ser funcionales, están cuidados y amueblados con gusto. Los *inspectores* se visten de forma más bien tradicional y huyen de los experimentos y la extravagancia. No pueden entender a las personas que compran ropa u otros objetos solo porque están de moda.

Percepción y decisiones

Confían en sus cinco sentidos y no se guían por las emociones, las percepciones momentáneas ni los impulsos. Toman decisiones de forma racional y lógica, basándose en los «datos puros y duros» y los hechos. Son capaces de expresar de forma clara y convincente sus puntos de vista (tienen la habilidad de hacerlo por escrito). Su mundo interior es para ellos más importante que el mundo exterior. Normalmente, se sienten autosuficientes: suponen que los demás no tienen demasiado que ofrecerles. También les cuesta entender las opiniones y los comportamientos que son considerablemente diferentes a los suyos.

Descanso

Los *inspectores* se entregan al trabajo, aunque también saben encontrar tiempo para el descanso. Les ayuda a esto su buena organización. Afrontan el descanso de la misma forma que el resto de tareas. Su tiempo libre está bien organizado. Planifican sus vacaciones de forma consciente y bien pensada, dejando poco margen para las sorpresas o la improvisación.

Ante situaciones de estrés

Procuran protegerse, mediante medios naturales, de las situaciones de estrés. De hecho, se las arreglan mejor evitando el estrés, que soportándolo. En periodos de especial tensión, en su mente aparecen los peores escenarios: se imaginan la bancarrota de su empresa, la pérdida de trabajo, una enfermedad (propia o de sus familiares); se culpan de no haber hecho algo como se debía o se apodera de ellos una sensación de incompetencia, o bien a la hora de tomar decisiones se quedan paralizados. Sometidos a un estrés prolongado pueden perder el equilibrio y la paz de espíritu — tan característico en ellos — y la capacidad para valorar la situación fríamente y de forma lógica. A veces, también les invade la nostalgia.

Aspecto social de la personalidad

Para los *inspectores*, en sus relaciones interpersonales, son importantes la responsabilidad y la lealtad. Muestran su afecto y cariño mediante actos. Por lo general, no perciben las necesidades emocionales de los demás. También les cuesta expresar sus propios sentimientos. Sin embargo, a menudo les salva su intenso sentido del deber; al ser conscientes de las necesidades de los demás y considerar que es su deber satisfacerlas, son capaces de mostrar interés y solicitud.

No son partidarios de reuniones de amigos, pero sí les gustan las celebraciones de carácter familiar. Mantener las tradiciones familiares tiene para ellos un gran valor. En el grupo familiar o entre amigos son capaces de bromear y entretener con su conversación a los demás. Son excepcionalmente leales, tanto con su empresa como con la familia y los amigos. A menudo, se implican en la vida local de su barrio o su localidad. El trabajo, el hogar y la comunidad local son los lugares más importantes para los *inspectores*.

Entre amigos

Se encuentran a gusto entre las personas, pero no les gusta ser el centro de atención. Por lo general, son parcos en palabras y las conversaciones intensas les agotan. Necesitan momentos de silencio y soledad para descansar y poder pensar en los asuntos corrientes.

Normalmente, los *inspectores* son vistos como personas muy serias, aunque sus amigos conocen su otra cara: los ven como aquellos que en el grupo de sus allegados son capaces de pasárselo bien y bromear. Las relaciones con los amigos son para ellos muy importantes, las cuidan solícitamente, ponen en ellas mucha energía y están dispuestos a sacrificarse si fuera necesario (aunque su familia siempre estará en el primer lugar). Hacen amistad más frecuentemente con *pragmáticos*, *administradores estrategas* y otros *inspectores*. Les irrita a su vez la actitud indolente de los *entusiastas*, *idealistas* y *consejeros*. Esta aversión es, por otra parte, correspondida (a ellos los *inspectores* les parecen demasiado reservados, rígidos y conservadores).

En el matrimonio

Los *inspectores* tratan la preocupación por los familiares, por su seguridad y necesidades materiales, como un deber incuestionable. Las obligaciones, las promesas y los compromisos son para ellos algo sagrado. De la misma forma, tratan las palabras de la alianza matrimonial: «hasta que la muerte nos separe». Normalmente sus matrimonios son para toda la vida.

Los *inspectores* no tienen unas necesidades emocionales demasiado grandes, no esperan de sus esposas/maridos palabras cálidas, cumplidos, gestos de afecto y por lo general, no perciben estas necesidades en los demás. Tienen problemas a la hora de expresar cariño y sentimientos. El amor y el afecto los expresan mediante acciones concretas y prácticas (los *inspectores* son de los que compran a sus seres queridos regalos prácticos). Los candidatos naturales a maridos/esposas de los *inspectores* son personas de tipos de personalidad afines: *pragmáticos*, *administradores* o *animadores*. En estos matrimonios, es más fácil crear una comprensión mutua y unas relaciones armoniosas. Sin embargo, la experiencia muestra que las personas pueden crear relaciones exitosas y felices también a pesar de una evidente disconformidad tipológica. Aún más, las diferencias entre los cónyuges pueden aportar dinámica a estas relaciones y ayudar al desarrollo personal (a muchas personas esta perspectiva les parece más atractiva que la visión de una relación armoniosa, en la que siempre reina el acuerdo y una plena comprensión mutua).

La laboriosidad y seriedad de los *inspectores* causa el respeto de sus familiares y del entorno. Sin embargo, sus éxitos profesionales tienen su coste: normalmente los *inspectores* tratan el trabajo como una de sus prioridades vitales. Tampoco son capaces de separarlo totalmente de la vida privada. Otro problema potencial en las relaciones con los familiares suele ser su carácter demasiado directo. Les suele ocurrir que hieren a sus parejas con sus observaciones críticas, sin siquiera darse cuenta de ello. Normalmente, no son capaces de ponerse en el lugar de los demás y prever que determinados comportamientos o palabras pueden desagradarles.

Los *inspectores* desean desempeñar de la mejor manera posible todos los papeles sociales (hijos, maridos/esposas, amigos, padres, compañeros de trabajo). El sentido del deber siempre les motiva a actuar; por ese motivo, el éxito en cada campo de sus vidas depende de si tratan un determinado asunto como un deber. Cuando consideran que la satisfacción de las necesidades emocionales de los familiares es su obligación, hacen todo lo posible para cumplirla de la mejor manera.

Como padres

Los *inspectores* son padres muy concienzudos y entregados. Están dispuestos a realizar sacrificios y hacen todo lo posible para que sus hijos se críen en un ambiente bueno y saludable, y para que no les falte de nada. Se esfuerzan por garantizarles un futuro seguro y estable. Tratan esto como un deber natural y se esfuerzan por cumplirla de la mejor forma posible. Enseñan a sus hijos a desempeñar papeles sociales y a respetar las normas y las tradiciones vigentes. Esperan de ellos respeto y no toleran la desobediencia ni la violación de las reglas establecidas. Por lo general, son muy exigentes y pueden ser severos. Consideran el empleo de la disciplina como un deber natural: como un recurso que ayuda a educar a los hijos como personas decentes y responsables.

Generosos en la crítica, los *inspectores* son al mismo tiempo parcos en elogios para con los hijos. Normalmente, tampoco perciben sus necesidades emocionales y tampoco les demuestran el cariño suficiente. Esto puede causar un distanciamiento entre padres e hijos, así como también serios problemas emocionales en los hijos. Por suerte, muchos *inspectores* — conscientes de las necesidades de sus hijos — procuran usar incentivos y otros «refuerzos positivos» como una de las tareas familiares más importantes y esto les motiva de forma natural a actuar.

Las normas y principios que los *inspectores* establecen en el hogar familiar, que implantan de forma consecuente, son a menudo percibidos por los hijos (sobre todo, en la adolescencia) como medios opresivos, aunque les proporcionan seguridad y les ayudan en su desarrollo social. Pasados los años, valoran a los padres *inspectores* porque les garantizaron un hogar seguro, les enseñaron a comportarse de forma responsable, se preocuparon por su futuro y siempre estuvieron dispuestos a sacrificarse por ellos.

Trabajo y carrera profesional

Los *inspectores* son capaces de realizar tareas que requieren seguir procedimientos complicados, cumplimentar formularios y tratar con una gran cantidad de datos numéricos. En primer lugar, ponen siempre las obligaciones. No son capaces de descansar o gozar de aquello que les gusta hacer, si antes tienen alguna tarea importante por hacer.

En equipo

Les gusta trabajar en solitario y ser valorados según sus propios logros. Si la situación lo requiere, sin embargo, pueden trabajar en grupo (preferentemente con personas que — al igual que ellos — estén bien organizados y deseen cumplir lo mejor posible sus obligaciones).

Valoran a los superiores que brindan apoyo a sus subordinados y les trasmiten indicaciones claras sobre la realización de las tareas. Como miembros del equipo se preocupan por un alto estándar del trabajo y prestan atención a los detalles y pormenores que pasan desapercibidos a los demás trabajadores. No pueden entender a las personas que no se implican en el trabajo y no se identifican con los objetivos de la empresa. Se sienten mal entre personas emocionales, quisquillosas, susceptibles o que pierden el tiempo en discusiones inútiles. Tampoco comprenden a los que infringen conscientemente los reglamentos, no mantienen su palabra, no devuelven las cosas prestadas, no cumplen las obligaciones o se pronuncian sobre temas de los que no tienen ni idea.

Estilo de trabajo

Los *inspectores* planifican escrupulosamente el trabajo y llevan consecuentemente los asuntos hasta el final. Persiguen insistentemente el objetivo, sin desanimarse por las contrariedades y dificultades que desalentarían a muchos otros. No son capaces de realizar conscientemente el trabajo por debajo de sus posibilidades. Tras finalizar una tarea a menudo se lamentan de no haberla realizado aún mejor.

Les gusta proceder según unas instrucciones que definan paso a paso qué hacer y cómo debe hacerse. Valoran positivamente los procedimientos comprobados y los métodos de acción ya probados. Al tratar de convencer a los demás de alguna solución a menudo hacen referencia a la tradición y a experiencias anteriores («esto siempre lo hemos hecho así»).

No les gustan las teorías abstractas ni los conceptos generales, de los que no se desprenden conclusiones claras y prácticas. Tampoco les gustan las tareas que son totalmente diferentes a lo que han hecho antes, y que no pueden solucionarse a partir de las experiencias anteriormente acumuladas. Soportan mal los cambios radicales. Prefieren los cambios graduales o evolutivos. Por lo general, son reacios a las novedades y los experimentos. Sin embargo, se dejan convencer por métodos o soluciones novedosas, especialmente si hay pruebas irrefutables de su eficiencia o si estas soluciones ya han sido comprobadas en otros lugares.

Tareas

Cuando se les confía alguna tarea se puede estar seguro de que la realizarán según las órdenes y a tiempo (normalmente incluso antes de tiempo). Las obligaciones, las promesas y los plazos son para ellos algo sagrado. Cuando trabajan en una tarea que les ha sido encargada, suelen no escatimar tiempo ni energías, incluso a costa de su salud. Sus superiores, compañeros de trabajo y contratantes saben que se puede confiar en ellos. Los propios *inspectores*, incluso cuando están sobrecargados de trabajo y agobiados, raramente rechazan aceptar más tareas.

Tratan el empeño que tienen que poner en sus obligaciones como algo totalmente normal. No aspiran a premios ni a elogios y no se jactan de sus logros. A menudo, ni siquiera se dan cuenta de que han hecho algo grande.

Como superiores

Su compromiso, laboriosidad y seriedad, a menudo les abren el camino hacia el ascenso. No pocas veces llegan hasta puestos de dirección. Como superiores establecen principios claros y asignan a sus subordinados tareas definidas con precisión. No toleran ninguna muestra de despilfarro ni ineficiencia. Les irrita la falta de solidez (el hacer las cosas de cualquier manera), de seriedad y la ligereza en la realización de las obligaciones. Ante trabajadores poco efectivos y flojos pueden tomar medidas radicales.

Empresas

Los *inspectores* se encuentran a gusto en instituciones con una larga tradición, con una posición consolidada y un orden establecido. Valoran las empresas que garantizan a los trabajadores seguridad y estabilidad financiera, que aprecian su entrega, esfuerzo y experiencia laboral. A menudo, se les puede encontrar en instituciones estatales, grandes corporaciones y servicios públicos.

Profesiones

El conocimiento del perfil de personalidad propio y de las preferencias naturales es una ayuda inestimable a la hora de elegir la carrera profesional más conveniente. La experiencia muestra que los *inspectores* pueden trabajar con éxito y sentirse realizados en diferentes campos, aunque su tipo de personalidad los predispone de forma natural para profesiones tales como:

- administrador,
- agricultor,
- analista de sistemas informáticos,
- archivista,
- auditor,
- aviador,
- bibliotecario,
- contable,
- controlador,
- detective,
- director ejecutivo,
- director financiero,
- empresario,
- especialista en logística,
- farmacéutico,
- informático,
- ingeniero,
- inspector,
- juez,
- jurista,
- mánager,
- mecánico,
- médico,
- militar,
- oficinista,
- policía,
- profesor de ciencias exactas,

- programador informático,
- revisor,
- técnico.

Potenciales puntos fuertes y débiles

Los *inspectores*, al igual que otros tipos de personalidad, tienen potenciales puntos fuertes y débiles. Este potencial puede ser gestionado de diferentes formas. La felicidad personal y la realización profesional de los *inspectores* dependen de si aprovechan las oportunidades relacionadas con su tipo de personalidad y de si hacen frente a las amenazas que les acechan. He aquí un RESUMEN de estas oportunidades y amenazas:

Puntos fuertes potenciales

Los *inspectores* tienen afición por el orden y respetan las tradiciones y los principios. Son cumplidores, leales e infalibles: tratan muy seriamente cualquier obligación. Se preocupan por la familia y están dispuestos a sacrificarse por los más próximos. Despiertan respeto por su seriedad, puntualidad y exactitud. Se dan cuenta rápidamente de las faltas, errores e infracciones. Son muy trabajadores; no se desaniman por las contrariedades y llevan los asuntos hasta el final. Gracias a esta actitud normalmente alcanzan los objetivos marcados. Son capaces de realizar trabajos que requieren cumplir numerosos procedimientos, procesar gran cantidad de datos y realizar muchas acciones rutinarias.

Son propensos a compartir sus conocimientos y experiencia con otras personas, ayudándolas de buen grado a solucionar sus problemas concretos. Expresan sus pensamientos de forma comprensible y efectiva y de convencer a otros de sus razones. Se desenvuelven bien en situaciones de conflicto. También están abiertos a la crítica constructiva por parte de otras personas: no les desagrada ni la tratan como un ataque a su persona y al mismo tiempo no se dejan disuadir fácilmente de sus convicciones y opiniones. Cuando es necesario, son capaces de disciplinar a los demás y llamarles la atención de forma abierta. Se les da bien gestionar el dinero.

Puntos débiles potenciales

Los *inspectores* tienen problemas para interpretar los sentimientos de otras personas y percibir sus necesidades emocionales. Por lo general, son parcos en elogios y tienen dificultades para expresar cariño y sentimientos. Su deseo de ordenar y comprobarlo todo suele ser molesto para sus compañeros de trabajo y familiares.

Suponen que siempre tienen razón, por lo que descartan prematuramente soluciones alternativas y otros puntos de vista. Les cuesta mirar los problemas desde una perspectiva más amplia y comprender puntos de vista distintos a los suyos. A menudo rechazan de antemano las opiniones de otras personas, sin intentar ni siquiera escucharlas. Ante los problemas tienen tendencia a culpar a los demás.

Soportan mal los cambios y las nuevas situaciones. Su afición natural por cumplir rígidamente las indicaciones, instrucciones y procedimientos suele ser una limitación en muchas situaciones. Cuando se encuentran con nuevas tareas que requieren un enfoque atípico, su tendencia a apoyarse en las experiencias anteriores y de las soluciones comprobadas se convierte en un obstáculo.

Desarrollo personal

El desarrollo personal de los *inspectores* depende del grado en que utilizan su potencial natural y se sobreponen a los riesgos relacionados con su tipo de personalidad. Los siguientes consejos prácticos constituyen un decálogo característico del *inspector*.

Sé más transparente y sincero

Diles a las personas cómo te sientes y qué experimentas. Expresa tus emociones. De esta forma ayudarás a tus compañeros de trabajo y tus familiares. Normalmente, cualquier cosa que digas será mejor que el silencio.

Mira los problemas desde una perspectiva más amplia

Intenta percibir un contexto más amplio, trata de mirar los problemas desde otro ángulo, a través de los ojos de otras personas. Busca la opinión de los demás, considera diferentes puntos de vista y ten en cuenta diferentes aspectos del tema.

Aprecia las ideas creativas

Basarse exclusivamente en hechos y datos puros y duros conlleva una serie de limitaciones. Muchos problemas solo pueden solucionarse gracias a ideas creativas, a métodos innovadores e incluso a la intuición.

Deja algunos asuntos a su curso natural

No puedes tenerlo todo controlado ni eres capaz de dominarlo todo. Deja los asuntos menos importantes a su curso natural. Aplaza las decisiones menos urgentes. Deja de reformar a la fuerza a los demás. Gracias a esto ahorrarás mucha energía y evitarás la frustración.

Critica menos, elogia más

Sé más comedido con las críticas y más generoso a la hora de valorar y elogiar a otras personas. Muestra a los demás cariño y aprovecha cualquier ocasión para decirles algo agradable. ¡Notarás la diferencia y te sorprenderá!

Ábrete a la gente

Abrirse a otras personas no tiene por qué significar renunciar a las convicciones e ideas propias. No supongas que los demás no tienen nada interesante que ofrecer. Antes de rechazar las ideas o puntos de vista ajenos, conócelos bien e intenta comprenderlos.

Trata a los demás «como personas»

Las personas no quieren ser vistas únicamente como partes de un sistema o piñones de una máquina. Desean que se perciban sus emociones, sentimientos y pasiones. Intenta ponerte en su situación y comprender lo que experimentan, qué les apasiona, qué les inquieta, a qué tienen miedo...

Piensa que el mundo no es en blanco y negro

Los asuntos pueden ser más complejos de lo que te parecen. Los problemas pueden ser provocados no solo por los demás, sino también por ti mismo (aunque sea en parte). La razón no siempre tiene que estar de tu lado. Ten esto en cuenta, antes de que empieces a acusar a otras personas o les reproches errores.

No te opongas a los cambios

No rechaces de antemano las ideas que pueden provocar un cambio o socavar el orden actual. Al hacer eso, dejas escapar oportunidades de desarrollo y te privas de muchas experiencias valiosas. Los cambios siempre conllevan cierto riesgo, pero normalmente es menor de lo que pensabas.

No «interrogues» a las personas

Cuando hables con otras personas, no las acribilles a preguntas. Algunos pueden tener la sensación de que los estás interrogando.

Personas conocidas

La lista de personas conocidas que se corresponden con el perfil de *inspector* incluye, entre otros, los siguientes nombres:

- **George Washington** (1732 - 1799), primer presidente de los Estados Unidos, considerado como el padre de la nación estadounidense;
- **John D. Rockefeller** (1839 - 1937), empresario y filántropo estadounidense, considerado como el hombre más rico de la historia;
- **George H. W. Bush** (1924 - 2018), cuadragésimo primer presidente de los Estados Unidos, padre del cuadragésimo tercer presidente — George W. Bush;
- **Isabel II**, realmente Elizabeth Alexandra Mary (1926 - 2022), reina de Gran Bretaña de la dinastía Windsor;

- **Warren Edward Buffett** (n. 1930), inversor en bolsa estadounidense, una de las personas más ricas del mundo;

- **Malcolm McDowell** (n. 1943), actor británico de cine y televisión (entre otras películas, *La naranja mecánica);*

- **Sting**, realmente Gordon Matthew Sumner (n. 1951), músico, compositor y vocalista inglés; bajista de The Police;

- **Condoleezza Rice** (n. 1954), política estadounidense, doctora en ciencias políticas, secretaria de estado en la administración del presidente George W. Bush;

- **Gary Alan Sinise** (n. 1955), actor, director y productor de cine estadounidense (entre otras series, *CSI: Nueva York,* actor y productor);

- **Jackie Joyner-Kersee** (n. 1962), atleta estadounidense, varias veces medallista, una de las mejores deportistas en la historia del atletismo femenino;

- **Evander Holyfield** (n. 1962), boxeador estadounidense, considerado como uno de los mejores púgiles de los pesos pesados;

- **Rania Al-Abdullah** (n. 1970), esposa del rey de Jordania, Abdullah, activista social y una de las 100 mujeres más influyentes del mundo («Forbes»).

16 tipos de personalidad de forma breve

Administrador (ESTJ)

Lema vital: *¡Hagamos esa tarea!*

Trabajador, responsable y extraordinariamente leal. Enérgico y decidido. Valora el orden, la estabilidad, la seguridad y las reglas claras. Objetivo y concreto. Lógico, racional y práctico. Es capaz de asimilar una gran cantidad de información detallada.

Organizador perfecto. No tolera la ineficiencia, el despilfarro ni la pereza. Fiel a sus convicciones y directo en los contactos. Presenta sus puntos de vista de forma decidida y expresa abiertamente opiniones críticas, por lo que en ocasiones hiere inconscientemente a otras personas.

Tendencias naturales del *administrador*:

- Fuente de energía vital: mundo exterior.
- Asimilación de información: sentidos.
- Toma de decisiones: razón.
- Estilo de vida: organizado.

Tipos de personalidad similares:

- *Animador*
- *Inspector*
- *Pragmático*

Datos estadísticos:

- Los *administradores* constituyen el 10-13% de la sociedad.
- Entre los *administradores* predominan los hombres (60%).
- Un país que se corresponde con el perfil del *administrador* son los Estados Unidos[2].

Código literal:

El código literal universal del *administrador* en las tipologías de personalidad de Jung es ESTJ.

---

[2] Esto no quiere decir que todos los habitantes de los EE. UU. pertenezcan a este tipo de personalidad, sino que la sociedad estadounidense, en su conjunto, tiene muchas características del *administrador*.

Más:

Jarosław Jankowski
Tu tipo de personalidad: Administrador (ESTJ)

Animador (ESTP)

Lema vital: *¡Hagamos algo!*

Enérgico, activo y emprendedor. Le gusta la compañía de otros y sabe pasárselo bien y disfrutar del momento presente. Es espontáneo, flexible y suele estar abierto a los cambios.

Es entusiasta inspirador e iniciador, suele motivar a los demás a actuar. Lógico, racional y extraordinariamente pragmático. Realista. Le aburren las ideas abstractas y las reflexiones sobre el futuro. Procura solucionar los problemas concretos e inmediatos que se le presentan, pero a menudo también tiene dificultades con la organización y la planificación. Suele ser impulsivo. Suele ocurrir que primero actúa y luego piensa.

Tendencias naturales del *animador:*

- Fuente de energía vital: mundo exterior.
- Asimilación de información: sentidos.
- Toma de decisiones: razón.
- Estilo de vida: espontáneo.

Tipos de personalidad similares:

- *Administrador*
- *Pragmático*
- *Inspector*

Datos estadísticos:

- Los *animadores* constituyen el 6-10% de la sociedad.
- Entre los *animadores* predominan los hombres (60%).
- El país que se corresponde con el perfil de *animador* es Australia.

Código literal:

El código literal universal del *animador* en las tipologías de personalidad de Jung es ESTP.

Más:

Jarosław Jankowski
Tu tipo de personalidad: Animador (ESTP)

Artista (ISFP)

Lema vital: *¡Creemos algo!*

Sensible, creativo y original. Tiene un gran sentido de la estética y capacidades artísticas naturales. Independiente, se guía por su propia escala de valores y no cede ante la presión. Optimista y con una actitud positiva hacia la vida; es capaz de disfrutar del momento.

Disfruta ayudando a los demás. Le aburren las teorías abstractas; prefiere crear la realidad que hablar de ella. Sin embargo, le resulta más fácil empezar cosas nuevas que acabar las empezadas antes. Suele tener dificultades para expresar sus propios deseos y necesidades.

Tendencias naturales del *artista*:

- Fuente de energía vital: mundo interior.
- Asimilación de información: sentidos.
- Toma de decisiones: corazón.
- Estilo de vida: espontáneo.

Tipos de personalidad similares:

- *Protector*
- *Presentador*
- *Defensor*

Datos estadísticos:

- Los *artistas* constituyen el 6-9% de la población.
- Entre los *artistas* predominan las mujeres (60%).
- El país que se corresponde con el perfil de *artista* es China.

Código literal:

El código literal universal del *artista* en las tipologías de personalidad de Jung es ISFP.

Más:

Jarosław Jankowski
Tu tipo de personalidad: Artista (ISFP)

Consejero (ENFJ)

Lema vital: *Mis amigos son mi mundo.*

Optimista, entusiasta y gracioso. Amable, sabe actuar con tacto. Tiene el extraordinario don de la empatía y disfruta actuando de forma desinteresada a favor de los demás. Es capaz de influir en sus vidas: inspira, descubre en ellos el potencial oculto que tienen y suscita confianza en sus propias fuerzas. Irradia ternura y atrae a las demás personas. A menudo las ayuda a resolver sus problemas personales.

Suele ser crédulo, aunque un poco ingenuo, y tiene tendencia a ver el mundo de color de rosa. Concentrado en los demás, a menudo se olvida de sus propias necesidades.

Tendencias naturales del *consejero*:

- Fuente de energía vital: mundo exterior.
- Asimilación de información: intuición.
- Toma de decisiones: corazón.
- Estilo de vida: organizado.

Tipos de personalidad similares:

- *Entusiasta*
- *Mentor*
- *Idealista*

Datos estadísticos:

- Los *consejeros* constituyen el 3-5% de la población.
- Entre los *consejeros* predominan claramente las mujeres (80%).
- El país que se corresponde con el perfil de *consejero* es Francia.

Código literal:

El código literal universal del *consejero* en las tipologías de personalidad de Jung es ENFJ.

Más:

Jarosław Jankowski
Tu tipo de personalidad: Consejero (ENFJ)

Defensor (ESFJ)

Lema vital: *¿Cómo puedo ayudarte?*

Entusiasta, enérgico y bien organizado. Práctico, responsable, concienzudo. Cordial y extraordinariamente sociable.

Percibe los sentimientos humanos, las emociones y necesidades. Valora la armonía. Soporta mal la crítica y los conflictos. Es sensible a todas las manifestaciones de injusticia y protesta cuando ve que lastiman a otras personas. Se interesa sinceramente por los problemas de los demás y siente una verdadera alegría al ayudarlos. Al velar por sus necesidades a menudo desatiende las suyas propias. Tiene tendencia a hacer por los demás cosas que ellos mismos deberían hacer. Suele ser susceptible a la manipulación.

Tendencias naturales del *defensor*:

- Fuente de energía vital: mundo exterior.
- Asimilación de información: sentidos.
- Toma de decisiones: corazón.
- Estilo de vida: organizado.

Tipos de personalidad similares:

- Presentador
- Protector
- Artista

Datos estadísticos:

- Los *defensores* constituyen el 10-13% de la población.
- Entre los *defensores* predominan claramente las mujeres (70%).
- El país que se corresponde con el perfil de *defensor* es Canadá.

Código literal:

El código literal universal del *defensor* en las tipologías de personalidad de Jung es ESFJ.

Más:

Jarosław Jankowski
Tu tipo de personalidad: Defensor (ESFJ)

Director (ENTJ)

Lema vital: *Os diré lo que hay que hacer.*

Independiente, activo y decidido. Racional, lógico y creativo. Percibe un contexto más amplio de los problemas analizados y es capaz de prever las futuras consecuencias de las acciones humanas. Se caracteriza por el optimismo y un sensato sentido de su propio valor. Es capaz de transformar conceptos teóricos en planes de actuación concretos y prácticos.

Visionario, mentor y organizador. Tiene unas capacidades de liderazgo innatas. Su fuerte personalidad, su criticismo y su estilo directo a menudo intimidan a los demás y provocan problemas en sus relaciones interpersonales.

Tendencias naturales del *director:*

- Fuente de energía vital: mundo exterior.
- Asimilación de información: intuición.
- Toma de decisiones: razón.
- Estilo de vida: organizado.

Tipos de personalidad similares:

- *Innovador*
- *Estratega*
- *Lógico*

Datos estadísticos:

- Los *directores* constituyen el 2-5% de la población.

- Entre los *directores* predominan claramente los hombres (70%).
- El país que se corresponde con el perfil de *director* es Holanda.

Código literal:

El código literal universal del *director* en las tipologías de personalidad de Jung es ENTJ.

Más:

Jarosław Jankowski
Tu tipo de personalidad: Director (ENTJ)

Entusiasta (ENFP)

Lema vital: *¡Podemos hacerlo!*

Enérgico, entusiasta y optimista. Es capaz de disfrutar de la vida y piensa a largo plazo. Dinámico, ingenioso y creativo. Le gustan las personas y aprecia las relaciones sinceras y auténticas. Cálido, cordial y emocional. Soporta mal la crítica. Tiene el don de la empatía y percibe las necesidades, los sentimientos y los motivos de los demás. Los inspira y los contagia con su entusiasmo.

Le gusta estar en el centro de los acontecimientos. Es flexible y capaz de improvisar. Es propenso a tener ocurrencias idealistas. Se distrae con facilidad y tiene problemas para llevar los asuntos hasta el final.

Tendencias naturales del *entusiasta*:

- Fuente de energía vital: mundo exterior.
- Asimilación de información: intuición.
- Toma de decisiones: corazón.
- Estilo de vida: espontáneo.

Tipos de personalidad similares:

- *Consejero*
- *Idealista*
- *Mentor*

Datos estadísticos:

- Los *entusiastas* constituyen el 5-8% de la población.
- Entre los *entusiastas* predominan las mujeres (60%).
- El país que se corresponde con el perfil de *entusiasta* es Italia.

Código literal:

El código literal universal del *entusiasta* en las tipologías de personalidad de Jung es ENFP.

Más:

Jarosław Jankowski
Tu tipo de personalidad: Entusiasta (ENFP)

Estratega (INTJ)

Lema vital: *Esto puede perfeccionarse.*

Independiente, marcado individualismo, con una enorme cantidad de energía interna. Creativo e ingenioso. Visto por los demás como competente y seguro de sí mismo y, a la vez, como distante y enigmático. Mira cada asunto desde una perspectiva amplia. Desea perfeccionar y ordenar el mundo que le rodea.

Bien organizado, responsable, crítico y exigente. Es difícil sacarlo de sus casillas, pero también es difícil satisfacerlo totalmente. Por lo general, tiene problemas para interpretar los sentimientos y emociones de otras personas.

Tendencias naturales del *estratega*:

- Fuente de energía vital: mundo interior.
- Asimilación de información: intuición.
- Toma de decisiones: razón.
- Estilo de vida: organizado.

Tipos de personalidad similares:

- *Lógico*
- *Director*
- *Innovador*

Datos estadísticos:

- Los *estrategas* constituyen el 1-2% de la población.

- Entre los *estrategas* predominan claramente los hombres (80%).
- El país que se corresponde con el perfil de *estratega* es Finlandia.

Código literal:

El código literal universal del *estratega* en las tipologías de personalidad de Jung es INTJ.

Más:

Jarosław Jankowski
Tu tipo de personalidad: Estratega (INTJ)

Idealista (INFP)

Lema vital: *Se puede vivir de otra manera.*

Sensible, leal, creativo. Desea vivir según los valores que profesa. Muestra interés por la realidad espiritual y ahonda en los secretos de la vida. Suele conmoverse por los problemas del mundo y está abierto a las necesidades de otras personas. Valora la armonía y el equilibrio.

Romántico: es capaz de demostrar amor, pero él mismo también necesita cariño y afecto. Interpreta perfectamente los motivos y sentimientos de otras personas. Crea relaciones sanas, profundas y duraderas. En situaciones de conflicto lo pasa mal, no sabe qué hacer. No resiste el estrés y la crítica.

Tendencias naturales del *idealista*:

- Fuente de energía vital: mundo interior.
- Asimilación de información: intuición.
- Toma de decisiones: corazón.
- Estilo de vida: espontáneo.

Tipos de personalidad similares:

- *Mentor*
- *Entusiasta*
- *Consejero*

Datos estadísticos:

- Los *idealistas* constituyen el 1-4% de la población.
- Entre los *idealistas* predominan las mujeres (60%).
- El país que se corresponde con el perfil de *idealista* es Tailandia.

Código literal:

El código literal universal del *idealista* en las tipologías de personalidad de Jung es INFP.

Más:

Jarosław Jankowski
Tu tipo de personalidad: Idealista (INFP)

Innovador (ENTP)

Lema vital: *Y si probamos a hacerlo de otra forma...*

Ingenioso, original e independiente. Optimista. Enérgico y emprendedor. Persona de acción: le gusta estar en el centro de los acontecimientos y resolver «problemas irresolubles». Tiene curiosidad por el mundo, y es propenso al riesgo y suele ser impaciente. Visionario, abierto a nuevas ideas y ocurrencias. Le gustan las nuevas experiencias y los experimentos. Percibe las relaciones entre acontecimientos concretos y piensa a largo plazo.

Espontáneo, comunicativo y seguro de sí mismo. Propenso a sobrevalorar sus propias posibilidades. Tiene problemas para llevar los asuntos hasta el final.

Tendencias naturales del *innovador:*

- Fuente de energía vital: mundo exterior.
- Asimilación de información: intuición.
- Toma de decisiones: razón.
- Estilo de vida: espontáneo.

Tipos de personalidad similares:

- *Director*
- *Lógico*
- *Estratega*

Datos estadísticos:

- Los *innovadores* constituyen el 3-5% de la población.
- Entre los *innovadores* predominan claramente los hombres (70%).
- El país que se corresponde con el perfil de *innovador* es Israel.

Código literal:

El código literal universal del *innovador* en las tipologías de personalidad de Jung es ENTP.

Más:

Jarosław Jankowski
Tu tipo de personalidad: Innovador (ENTP)

Inspector (ISTJ)

Lema vital: *Primero las obligaciones.*

Una persona con la que siempre se puede contar. Educado, puntual, cumplidor, concienzudo, responsable: «persona de confianza». Analítico, metódico, sistemático y lógico. Los otros lo ven como reservado, frío y serio. Aprecia la tranquilidad, la estabilidad y el orden. No le gustan los cambios. En cambio, le gustan los principios claros y las reglas concretas.

Trabajador y perseverante, es capaz de llevar los asuntos hasta el final. Perfeccionista. Quiere controlarlo todo. Parco en elogios. No aprecia el valor de los sentimientos y las emociones de otras personas.

Tendencias naturales del *inspector*:

- Fuente de energía vital: mundo interior.
- Asimilación de información: sentidos.
- Toma de decisiones: razón.
- Estilo de vida: organizado.

Tipos de personalidad similares:

- *Pragmático*
- *Administrador*
- *Animador*

Datos estadísticos:

- Los *inspectores* constituyen el 6-10% de la población.
- Entre los *inspectores* predominan los hombres (60%).
- El país que se corresponde con el perfil de *inspector* es Suiza.

Código literal:

El código literal universal del *inspector* en las tipologías de personalidad de Jung es ISTJ.

Más:

Jarosław Jankowski
Tu tipo de personalidad: Inspector (ISTJ)

Lógico (INTP)

Lema vital: *Lo más importante es conocer la verdad acerca del mundo.*

Original, ingenioso y creativo. Le gusta resolver problemas de índole teórica. Analítico, brillante y con una actitud entusiasta hacia las nuevas ideas. Es capaz de relacionar fenómenos concretos y deducir de ellos principios generales y teorías. Lógico, preciso e indagador. Percibe rápidamente los síntomas de incoherencia e inconsecuencia.

Independiente y escéptico ante las soluciones y autoridades establecidas. Tolerante y abierto a los nuevos retos. Se suele quedar absorto en sus reflexiones, a veces pierde el contacto con el mundo exterior.

Tendencias naturales del *lógico*:

- Fuente de energía vital: mundo interior.
- Asimilación de información: intuición.
- Toma de decisiones: razón.
- Estilo de vida: espontáneo.

Tipos de personalidad similares:

- *Estratega*
- *Innovador*
- *Director*

Datos estadísticos:

- Los *lógicos* constituyen el 2-3% de la población.
- Entre los *lógicos* predominan claramente los hombres (80%).
- El país que se corresponde con el perfil de *lógico* es la India.

Código literal:

El código literal universal del *lógico* en las tipologías de personalidad de Jung es INTP.

Más:

Jarosław Jankowski
Tu tipo de personalidad: Lógico (INTP)

Mentor (INFJ)

Lema vital: *¡El mundo puede ser mejor!*

Creativo, sensible, adelantado a su tiempo, capaz de ver las posibilidades que los demás no ven. Idealista y visionario orientado a la ayuda a las personas. Concienzudo, responsable y al mismo tiempo amable, solícito y amistoso. Se esfuerza por entender los mecanismos que rigen el mundo y trata de ver los problemas desde una perspectiva más amplia.

Excelente oyente y observador. Se caracteriza por una extraordinaria empatía, por su intuición y la confianza en las personas. Es capaz de interpretar los sentimientos y las emociones.

Soporta mal la crítica y las situaciones de conflicto. Puede parecer enigmático.

Tendencias naturales del *mentor*:

- Fuente de energía vital: mundo interior.
- Asimilación de información: intuición.
- Toma de decisiones: corazón.
- Estilo de vida: organizado.

Tipos de personalidad similares:

- *Idealista*
- *Consejero*
- *Entusiasta*

Datos estadísticos:

- Los *mentores* constituyen aproximadamente el 1% de la población y son el tipo de personalidad menos frecuente.
- Entre los *mentores* predominan claramente las mujeres (80%).
- El país que se corresponde con el perfil de *mentor* es Noruega.

Código literal:

El código literal universal del *mentor* en las tipologías de personalidad de Jung es INFJ.

Más:

Jarosław Jankowski
Tu tipo de personalidad: Mentor (INFJ)

Pragmático (ISTP)

Lema vital: *Los actos son más importantes que las palabras.*

Optimista, espontáneo y con una actitud positiva hacia la vida. Comedido e independiente. Fiel a sus propias convicciones y escéptico ante las normas y principios externos. Le aburren las teorías y las reflexiones sobre el futuro.

Prefiere actuar y solucionar problemas concretos y tangibles.

Se adapta bien a los nuevos lugares y situaciones. Le gustan los nuevos retos y el riesgo. Es capaz de mantener la sangre fría ante las amenazas y los peligros. Su taciturnidad y su extrema sobriedad a la hora de expresar opiniones hace que suela ser indescifrable para los demás.

Tendencias naturales del *pragmático*:

- Fuente de energía vital: mundo interior.
- Asimilación de información: sentidos.
- Toma de decisiones: razón.
- Estilo de vida: espontáneo.

Tipos de personalidad similares:

- *Inspector*
- *Animador*
- *Administrador*

Datos estadísticos:

- Los *pragmáticos* constituyen el 6-9% de la población.
- Entre los *pragmáticos* predominan los hombres (60%).
- El país que se corresponde con el perfil de *pragmático* es Singapur.

Código literal:

El código literal universal del *pragmático* en las tipologías de personalidad de Jung es ISTP.

Más:

Jarosław Jankowski
Tu tipo de personalidad: Pragmático (ISTP)

Presentador (ESFP)

Lema vital: *¡Hoy es el momento perfecto!*

Optimista, enérgico y abierto a las personas. Es capaz de disfrutar de la vida y pasarlo bien. Práctico y al mismo tiempo flexible y espontáneo. Le gustan los cambios y las nuevas experiencias. Soporta mal la soledad, el estancamiento y la rutina. Se siente bien estando en el centro de atención.

Tiene unas capacidades interpretativas naturales y es capaz de hablar de una forma que despierta el interés y el entusiasmo de los oyentes. Al concentrarse en el día de hoy, a veces pierde de vista los objetivos a largo plazo. Suele tener problemas a la hora de prever las consecuencias de sus actos.

Tendencias naturales del *presentador*:

- Fuente de energía vital: mundo exterior.
- Asimilación de información: sentidos.
- Toma de decisiones: corazón.
- Estilo de vida: espontáneo.

Tipos de personalidad similares:

- *Defensor*
- *Artista*
- *Protector*

Datos estadísticos:

- Los *presentadores* constituyen el 8 -13% de la población.
- Entre los *presentadores* predominan las mujeres (60%).
- El país que se corresponde con el perfil de *presentador* es Brasil.

Código literal:

El código literal universal del *presentador* en las tipologías de personalidad de Jung es ESFP.

Más:

Jarosław Jankowski
Tu tipo de personalidad: Presentador (ESFP)

Protector (ISFJ)

Lema vital: *Me importa tu felicidad.*

Sincero, tierno, modesto, digno de confianza y extraordinariamente leal. Pone en primer lugar a los demás: percibe sus necesidades y desea ayudarles. Práctico, bien organizado y responsable. Paciente, trabajador y perseverante: es capaz de llevar los asuntos hasta el final.

Observa y recuerda los detalles. Valora mucho la tranquilidad, la estabilidad y las relaciones amistosas con los demás. Es capaz de tender puentes entre las personas. Soporta mal los conflictos y la crítica. Tiene un fuerte sentido de la responsabilidad y siempre está dispuesto a ayudar. Los demás suelen aprovecharse de él.

Tendencias naturales del *protector*:

- Fuente de energía vital: mundo interior.
- Asimilación de información: sentidos.
- Toma de decisiones: corazón.
- Estilo de vida: organizado.

Tipos de personalidad similares:

- *Artista*
- *Defensor*
- *Presentador*

Datos estadísticos:

- Los *protectores* constituyen el 8-12% de la población.

- Entre los *protectores* predominan claramente las mujeres (70%).
- El país que se corresponde con el perfil de *protector* es Suecia.

Código literal:

El código literal universal del *protector* en las tipologías de personalidad de Jung es ISFJ.

Más:

Jarosław Jankowski
Tu tipo de personalidad: Protector (ISFJ)

Apéndice

Las cuatro tendencias naturales

1. Fuente de energía vital dominante

    o   MUNDO EXTERIOR
        Personas que obtienen energía del
        exterior, que necesitan actividad y
        contacto con los demás. Soportan
        mal la soledad prolongada.

    o   MUNDO INTERIOR
        Personas que obtienen energía del
        mundo interior, que necesitan
        silencio y soledad. Se sienten
        agotados cuando están mucho
        tiempo en medio de un grupo.

2. Forma dominante de asimilación de la información

- ○ SENTIDOS
  Personas que dependen de los cinco sentidos. Les convencen los hechos y las pruebas. Les gustan los métodos comprobados y las tareas prácticas y concretas. Son realistas y se basan en la experiencia.

- ○ INTUICIÓN
  Personas que dependen de un sexto sentido, que se guían por los presentimientos. Les gustan las soluciones innovadoras y los problemas de índole teórica. Se caracterizan por su enfoque creativo de las tareas y por su capacidad de previsión.

3. Forma de toma de decisiones dominante

- ○ RAZÓN
  Personas que se guían por la lógica y los principios objetivos. Críticos y directos a la hora de expresar sus opiniones.

- ○ CORAZÓN
  Personas que se guían por los sentimientos y los valores. Anhelan

la armonía y necesitan estar bien con los demás.

4. Estilo de vida dominante

   o ORGANIZADO
     Personas concienzudas y organizadas. Valoran el orden, son personas a quienes les gusta actuar según un plan.

   o ESPONTÁNEO
     Personas espontáneas, que valoran la libertad. Disfrutan del momento y se encuentran a gusto en situaciones nuevas.

Porcentaje orientativo de los diferentes tipos de personalidad en la población

Tipo de personalidad:	Porcentaje:
Administrador (ESTJ):	10 – 13%
Animador (ESTP):	6 – 10%
Artista (ISFP):	6 – 9%
Consejero (ENFJ):	3 – 5 %
Defensor (ESFJ):	10 – 13%
Director (ENTJ):	2 – 5%
Entusiasta (ENFP):	5 – 8%
Estratega (INTJ):	1 – 2%
Idealista (INFP):	1 – 4%
Innovador (ENTP):	3 – 5%
Inspector (ISTJ):	6 – 10%

Lógico (INTP):	2 – 3%
Mentor (INFJ):	aprox. 1%
Pragmático (ISTP):	6 – 9%
Presentador (ESFP):	8 – 13%
Protector (ISFJ):	8 – 12%

Porcentaje orientativo de mujeres y hombres entre las personas con un determinado tipo de personalidad

Tipo de personalidad:	Mujere/ hombres:
Administrador (ESTJ):	40% / 60%
Animador (ESTP):	40% / 60%
Artista (ISFP):	60% / 40%
Consejero (ENFJ):	80% / 20%
Defensor (ESFJ):	70% / 30%
Director (ENTJ):	30% / 70%
Entusiasta (ENFP):	60% / 40%
Estratega (INTJ):	20% / 80%
Idealista (INFP):	60% / 40%
Innovador (ENTP):	30% / 70%
Inspector (ISTJ):	40% / 60%
Lógico (INTP):	20% / 80%
Mentor (INFJ):	80% / 20%
Pragmático (ISTP):	40% / 60%
Presentador (ESFP):	60% / 40%
Protector (ISFJ):	70% / 30%

Bibliografía

- Arraj James, *Tracking the Elusive Human, Volume 2: An Advanced Guide to the Typological Worlds of C. G. Jung, W.H. Sheldon, Their Integration, and the Biochemical Typology of the Future*, Inner Growth Books, 1990.

- Arraj Tyra, Arraj James, *Tracking the Elusive Human, Volume 1: A Practical Guide to C.G. Jung's Psychological Types, W.H. Sheldon's Body and Temperament Types and Their Integration*, Inner Growth Books, 1988.

- Berens Linda V., Cooper Sue A., Ernst Linda K., Martin Charles R., Myers Steve, Nardi Dario, Pearman Roger R., Segal Marci, Smith Melissa A., *Quick Guide to the 16 Personality Types in Organizations: Understanding Personality Differences in the Workplace*, Telos Publications, 2002.

- Geier John G., Downey E. Dorothy, *Energetics of Personality*, Aristos Publishing House, 1989.

- Hunsaker Phillip L., Alessandra J. Anthony, *The Art of Managing People*, Simon and Schuster, 1986.

- Jung Carl Gustav, *Tipos psicológicos*, Trotta, 2013.

- Kise Jane A. G., Stark David, Krebs Hirsch Sandra, *LifeKeys: Discover Who You Are*, Bethany House, 2005.

- Kroeger Otto, Thuesen Janet, *Type Talk or How to Determine Your Personality Type and Change Your Life*, Delacorte Press, 1988.

- Lawrence Gordon, *Looking at Type and Learning Styles*, Center for Applications of Psychological Type, 1997.

- Lawrence Gordon, *People Types and Tiger Stripes*, Center for Applications of Psychological Type, 1993.

- Maddi Salvatore R., Personality Theories: *A Comparative Analysis*, Waveland, 2001.

- Martin Charles R., *Looking at Type: The Fundamentals Using Psychological Type To Understand and Appreciate Ourselves and Others*, Center for Applications of Psychological Type, 2001.

- Meier C.A., *Personality: The Individuation Process in the Light of C. G. Jung's Typology*, Daimon Verlag, 2007.

- Pearman Roger R., Albritton Sarah, *I'm Not Crazy, I'm Just Not You: The Real Meaning of the Sixteen Personality Types*, Davies-Black Publishing, 1997.

- Segal Marci, *Creativity and Personality Type: Tools for Understanding and Inspiring the Many Voices of Creativity*, Telos Publications, 2001.

- Sharp Daryl, *Personality Type: Jung's Model of Typology*, Inner City Books, 1987. Spoto Angelo, Jung's Typology in Perspective, Chiron Publications, 1995.

- Tannen Deborah, *Tú no me entiendes*, Círculo de lectores, 1992.

- Thomas Jay C., Segal Daniel L., *Comprehensive Handbook of Personality and Psychopathology*, Personality and Everyday Functioning, Wiley, 2005.

- Thomson Lenore, *Personality Type: An Owner's Manual*, Shambhala, 1998.

- Tieger Paul D., Barron-Tieger Barbara, *Just Your Type: Create the Relationship You've Always Wanted Using the Secrets of Personality Type*, Little, Brown and Company, 2000.

- Von Franz Marie-Louise, Hillman James, *Lectures on Jung's Typology*, Continuum International Publishing Group, 1971.